U0021011

依舊對
自己陌生的
30歲

不懂大人的世界
也無所謂，年過 30 還是可以
繼續耍廢，但不畫地自限！

HUDULT

BOTA ◎圖文　賴毓棻◎譯

人物介紹

惠善

30歲出頭，性別女。

雖早已不是新人，

卻仍無法擺脫公司最菜。

自認外表和個性都還算過得去，

但因為一直交不到男友，

而煩惱不已。

尚圭

30歲出頭，性別男。

在首爾工作、一個人生活，

喜歡一個人喝酒、獨來獨往，

卻又感到非常寂寞。

雙重個性（？）

目錄

第一章. 年過 **30**，還是可以繼續耍廢 … 27

30 歲是每個人的「成長封王數字」

台灣影評人協會理事長／膝關節

　　30 歲是一個猶如魔咒般的成長封王數字。

　　以前人都會說「三十而立」，對現代人來說，30 歲根本很難「而立」，畢竟過去農業社會或古早時代，都是先成家、後立業。有了家庭支持，雙親協力、妻子或是丈夫幫忙，才能真正踏入而立之年，立業其實向來都不只是一個人的戰場。

　　但現在的年輕人 22 歲至 24 歲才從大學畢業，念個碩士可能 26、27 歲才修完基本學分。那麼，沒念碩士的人，在 30 歲之前到底有多忙或

茫茫然？

　　30 歲，是多數人步入這階段的恐慌公約數；30 歲，本來就是一個很陌生的數字。

　　這本由韓國插畫作家 BOTA 編繪的《依舊對自己陌生的 30 歲》，就道出了三十世代的盲茫忙本質；透過兩個角色，一男一女各自關心的議題，**討論出不同性別的相似困境**。

　　不得不說，書中述說的負能量之強大，大家讀起來肯定相當熟悉，因為離開學校之後，我們開始重新梳理人際關係。有些是職場上不得不的必要往來，雖然臺灣的應酬文化還沒那麼離譜，加上職場上的男尊女卑及輩分觀念也沒有韓國那麼高壓，但閱讀這兩位角色的厭世出發點，大家應該都會發出會心一笑。

　　「**原來不只我這樣想呢！**」應該會是每位讀者在閱讀時的內心獨白。以交際應酬來說，男女就各自有不同的煩惱，如男主角擔心社群上的貼文明明只是要抒發心聲，卻又害怕遣辭用句可能

依舊對自己陌生的 30 歲

12

動輒得咎。雖然韓國人或日本人在人際方面顧慮較多，但這不就是很多人的社群日常？常常擔心別人可能會怎麼回應，想想到最後索性不發文，潛水就好、按個讚就好。更甚者，其實有些回文也可能會造成蝴蝶效應，甚至敲碎發文者的玻璃心。

女主角則戲稱卸妝不只是卸掉外表武裝，更能洗掉不好的回憶。女性的化妝美顏，是女性才懂得專屬修羅場，從禮貌應對到尋找被擠壓的女性地位，還要能保有自尊獨立，現代女性活得真是辛苦。

《依舊對自己陌生的 30 歲》是讓人心有戚戚焉的圖文書，在閱讀過程中會**與自身經歷交叉詰問：當我 30 歲的時候，我有這樣想嗎？**過了這個階段，該問的是：我還會這樣想嗎？還沒到這歲數的你與妳，又會是怎麼想的呢？

30 歲才沒老，
人生可以繼續戰鬥

正向思維量販店店長

　　30 歲的你，還好嗎？

　　那時候的你，在煩惱什麼呢？

　　小時候期待著趕快長大，因為總覺得長大以後，可以自己決定很多事情、完成很多事情，但是真正到了 30 歲，面臨所謂**成熟世故分水嶺**的時候，才發現很多人事物都跟自己想的不一樣。**即使不斷的嘗試與猜測，仍不知道下一步該往哪裡走**，人生的心智鍛鍊就從這一刻開始；30 歲似乎成為了一道高牆的關卡，需要更多的努力才能跨過去。

韓國 IG、臉書白爛系插畫作家 BOTA，透過一男一女的角色設定，以輕憂鬱的搞笑圖文，詮釋大多數男女生在 30 歲前後會遇到的狀況及生活情境，不管現在是未滿還是超過 30 歲的你，都可以在這本書尋找到可能的未來模樣或過往的回憶。

　　我很喜歡《依舊對自己陌生的 30 歲》這類型的厭世反思圖文，因為透過圖畫更容易引起共鳴、了解自己，進而從中找到前進的動力。未滿 30 歲的你，也能藉由這些狀況及情境，預先做好心理準備；就算已三十好幾、沒辦法回到過去，但透過作者的故事及經驗分享，也可以讓我們重新省思當時的處理過程及情緒，為未來得到更好的鍛鍊。

　　例如，在邁入 30 歲以後，我們很常跟朋友說：「改天約一下。」儘管最後常不了了之，我們卻也習以為常，但作者提出反思：「比起改天再約，我更想成為今天就約的人」，一語道出大

多數人的心聲。

　　30 歲除了是一個蛻變成長的年紀，也是一個需要清楚自己為何而努力的階段，藉由 BOTA 這些圖文的反思，讓自己能擁有更多的正能量，面對未來更無所畏懼，扎實的走好每一步。不管過程會怎麼樣，結果的好與壞，我相信每個人都一定可以破繭而出、活得精采。

　　記住，**30 歲不是初老的開始，而是人生的另一波高峰。**

原來，到了30歲，
我還是搞不懂我自己

小時候還以為，

只要到了 30 歲，

自己就會過著

多采多姿的生活。

可是為什麼

越接近 30 歲，

不管是未來、戀愛、人際關係，

這所有的一切一切

都變得如此令人不安？

或許就像金光石* 在歌詞中所說的
這是個需要跟許多事物
道別的年紀，
不管是青春、逝去的歲月
皆已不再。

---

* 金光石（1964 年至 1996 年），韓國創作歌手，被譽為「唱歌的哲學家」，以〈30 歲左右〉一曲成名。

要說是大人，

好像還缺了一些什麼？

但若要說「還年輕」，

卻又在眨眼間變得老大不小。

所以我們偶爾仍會感到茫然，
偶爾還是那個稚氣未脫的自己。
而這本書就是一群依舊對自己陌生、
半熟大人們的故事。

1

年過 30，
還是可以繼續耍廢

好奇心

最近就算
第一次吃到好料
也覺得還好，

就算去了新的旅遊景點
也覺得還好，

就算學了新的事物
也覺得還好。

不管做什麼都不覺得新奇，
是因為**好奇心**消失了嗎？

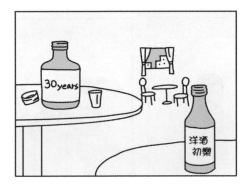

隨著時間流逝，
酒會變得
越來越值錢。

但為什麼時間越久，
我反而變得
更不值錢呢？

不打扮變大媽

二十幾歲
不管穿什麼出去，

看起來都很年輕。

Coffee

但最近我都會先打扮一下
才敢出門。

就算只是去附近的
超市而已……

Hut.Mart

「來看看唷～
小姐！」

就算好久不見，
以前的朋友依然沒變。

「讓我們像以前一樣
來個不醉不歸吧！」

若要說有什麼改變？

就只有我們的**體力**
而已……

年過 30，還是可以繼續耍廢

我的 30 歲

到了 30 歲，
我就會變成一個

知性和美貌兼備
的成熟女人，

我原本是這麼想的啦……

「沒關係～
現在的我也很好！」

在我年輕的時候……

在我那個年紀啊……

我以前可是……

原來我不知不覺也變成了這種老鳥啊！

年過30，還是可以繼續耍廢

33

脫妝指數

喝兩公升的水

每天敷一片面膜

還有
一定要睡飽飽

不管我多努力，
增加的
只有年紀，
還有
脫妝指數……

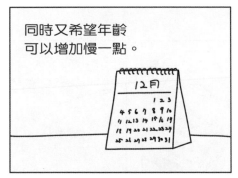

今天一整天
我都希望時間過快一點，

同時又希望年齡
可以增加慢一點。

是我要的太多了嗎？

沒變

努力做了有氧運動，

也努力做了深蹲。

「教練～
我明明就很努力運動了，
怎麼體重還是沒變？」

身體組成分析

「因為妳30歲了～」

（怒）

不適合
我年紀穿的
衣服

不適合
我年紀去的地方

不適合
我年紀留的髮型

比起適不適合我自己，
我更在意是否
符合年紀。

「想怎麼剪？」

「隨便幫我
修一下就好。」

Hut Cut

年過30，還是可以繼續耍廢

單身聖誕節

與天氣變冷相比，

「妳還單身呀？」

讓內心變得更加寒冷的
單身聖誕節。

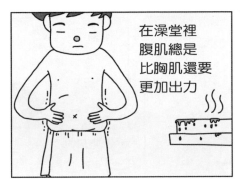

在 KTV
總是點相同的歌

禁菸KTV

七劃　　八劃

在澡堂裡
腹肌總是
比胸肌還要
更加出力

「哥～」

一聽到有人叫哥
就心動不已的我

在哥和大叔之間，
我到底是？

消費的態度

年輕時
只要有想要的東西，

就會
努力存錢。

現在
只要有想要的東西，

還是先買了再說！

「我要一次付清～」

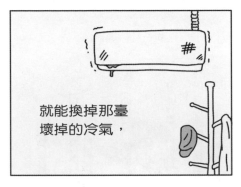

大樹醫院 ₩270,000
李剛牙科 ₩450,000
骨科 ₩220,000

光這些
診療費，

就能換掉那臺
壞掉的冷氣，

還能去國外旅行……

旅行
最狂
下殺！
199,000

或許就是這樣，
有句話才說「健康
就是本錢」吧！

「還是來
練一下深蹲
好了！」

＊全書韓幣以臺灣銀行八月公告之均價新臺幣〇‧〇二六元計算。

年過30，還是可以繼續耍廢

41

年紀是膽小的藉口

「以我現在的年紀來說，有點……。」
不知從什麼時候開始，我常常把這句話掛在嘴邊。

開始羨慕比我年輕的人，
開始懷念以前的好，
甚至還常出現「我老了」的這種想法。

雖然很不想承認，但隨著年紀增長，
我的設限變得越來越多，也變得更加膽小。

雖然很多人都說，「30 歲正是人生最美好的時候，」
但我仍不斷懷念著過往的青春歲月，
並怪罪於現在的年紀。

其實，把年紀當作藉口、畫地自限的人，是我自己。

生日快樂

生日當天的午夜

叮鈴～！

最先對我說
生日快樂的是

我們誠摯的
向您說聲
生日快樂！
-強健牙科-

今年
依舊不是我所等的
那個人……

朋友分手時，
以前雖然會陪他一起難過，

但最近
反而覺得
有點開心？

我又被甩了
T_T

「喔～
單身快樂啊！」

話說，這是重新
找回朋友的感覺嗎？

追偶像也有代溝

以前追偶像
全都要叫一聲姐姐，

不知不覺中，
出道的那些人都和我同齡了！

現在看到的，
全都是年紀比我小的
妹妹們……

原來我就是這樣
變老妹的呀！

小時候的我
不太能理解父親。

「爸爸又要
晚回來了嗎？」

但出了社會以後，

我開始能理解父親了。

當時三十幾歲的老爸，每天工作
有多辛苦……

「我來幫您
倒酒～」

稱讚

偶爾被年輕同事

「妳的洋裝
好美喔～」

稱讚造型的時候

「妳換新髮型了！
很適合妳欸～」

總會有一種莫名的**安心感**

＼姊還有點姿色呢！／

以前的我認為
錢並非人生的全部，

但在下定決心要換工作、

決定要搬家、

友利不動產

還有買車的時候，
還是覺得**錢越多越好**。

保健食品

以前不管老媽再怎麼三催四請，
說什麼就是不吃的保健食品，
不知從什麼時候開始，自己也會買來吃了。

綜合維他命、維他命 D、益生菌……
而且種類越來越多。

以前就算連續熬夜加班好幾天，隔天照樣好漢一條，
但現在卻是天天喊累，乖乖吞保健食品。
一想到這裡，我有時會因此而感到驚慌失措。

或許保健食品只是一種藉口，
好讓我繼續加班、騙自己沒有時間運動。

年過 30，還是可以繼續耍廢

保養品與年紀

〔10年前〕

化妝水、精華液、乳液……

〔5年前〕

保濕乳霜、眼霜……

〔現在〕

滋養霜、美白乳霜、再生修護霜……

年紀越大，
保養品
也越買越多。

沒有勇氣告白，

沒有時間旅行，

最近甚至連挑戰的想法
也消失殆盡。

原來成為大人以後，
失去的東西只會變得越來越多。

週末不宅在家，要幹嘛？

有前輩曾經說過，
週末一定要有一天休息。

以前的我
還不懂，

但現在對我來說，

「呼～」

似乎也變成了理所當然。

年紀大了以後，

與其吃美食，

偶爾

會想吃些
養生的食物。

自卑感

蝴蝶袖

雙下巴

脖紋

最近自拍
需要注意的地方增加了……

「這攤
我來付吧！」

「今天
讓你請～」

以前覺得分開付這件事
看似有點無情，

「我明天再
把錢匯到
你的戶頭！」

現在覺得沒有什麼比分開付
更令人自在的了！

加入會員很困擾

現在如果要
加入會員，

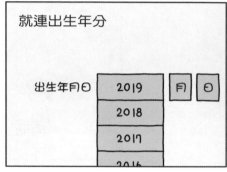

就連出生年分

出生年月日 | 2019 | 月 | 日
2018
2017
2016

也要
拉好久
才會出現。

1991
1990
1989
1988
1987
1986
1985

「呼～手指都快抽筋了！」

以前完全不放在心上的
保險廣告

半熟保險

「保險廣告
也太多了吧。」

但最近只要一看到保險廣告，

「保險主約
再加上附約」

半熟保險

就會
緊盯不放。

「啊！要不要來
買個癌症險？」

不化妝很嚇人

因為太忙

「要遲到了！」

而無法好好化妝的那天，

最常聽到的話就是：

「對呀～看起來氣色不好耶！」

「妳身體不舒服嗎？」

如果沒有化妝，
我的臉就跟病人沒兩樣。

以前爸爸
喜歡的節目

「全國～
歌唱大賽～」

「爸～不能
看別臺嗎？」

「怎樣？這很好看啊，
就看這臺啦！」

現在也成了
我喜歡看的節目。

「哇～真是
太好笑了！」

感覺我和爸爸
之間的距離
就這樣變近了。

「爸，你今天
也看了嗎？」

2

有些「朋友」，
就是讓你空虛寂寞覺得冷

炫耀男友

炫耀男友的長相

炫耀男友送的 Bag

炫耀兩人一起去的旅行

我今天約的到底是妳，
還是妳男友啊？

寂寞寂寞就好

想要和朋友約一下的某天

・他要顧小孩所以沒空。
・他的女朋友不肯放行。
・他要加班也不行。
・他之前才和我吵架，所以不行……。

聯絡人這麼多，卻找不到一個能約的朋友。

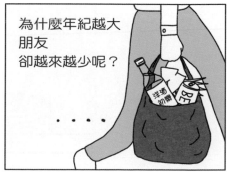

為什麼年紀越大
朋友
卻越來越少呢？

・・・・・

有些「朋友」，就是讓你空虛寂寞覺得冷

超級絕配

炸雞
和啤酒是絕配！

生魚片
和燒酒是絕配！

海鮮煎餅
和瑪格麗酒（韓國米酒）
是絕配！

那我旁邊
該站誰
才是絕配呢？

平凡的夢想

想要談一場平凡
的戀愛

組織一個美滿
的家庭

有自己的房子

原本以為這些都很平凡，
沒想到卻成了
遙不可及的夢想。

見面有兩種

再忙也要
約出來的朋友

與

有空才約的朋友
就是不同。

有些人就算只交談十分鐘，

「啊！我也喜歡旅行！」

也能馬上變得親近。

呵呵　　呵呵呵

有些人即使認識超過一年，

「別去那裡，還是去中華餐館吧！」

「又要去？」

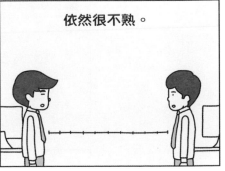

依然很不熟。

有些「朋友」，就是讓你空虛寂寞覺得冷

完全沒變

久違的高中同學會

我瘦了不少，
也換了髮型。

就因為你的一句話，
讓我所有的努力都泡湯。

「惠善
妳一點都沒變耶！」

宿醉

就像雖然宿醉很痛苦，

還是會相約喝酒一樣，

希望就算分手很痛苦，

還是能再次
展開一段新戀情……

分手後的想念

不管是以前還是現在，每次和戀人分手以後，
我都會陷入好一陣子的低潮期。

因為那個曾經比家人更親密的人，
轉眼卻變成最熟悉的陌生人。
而且隨著年紀的增加，
要花很多時間，才能走出低潮。

其實，我偶爾還是會想起那個人，
不過，並不是因為想要復合，
而是想念當初在一起的那些日子。

儘管我已想不起有哪些回憶，
但那些美好回憶卻依然清晰且如影隨形。

會去算命的
最大原因，

或許不是因為想要知道未來，

而是想要聽到
自己想聽的那些話⋯⋯

「妳不久後就會有
新男友囉！」

「嗯，會是誰呢？」

下一站，脫單？

迷路了好一段路，

結果發現了
更棒的景點。

經過這段漫長的聯誼，

我一定能找到
更好的緣分吧。

有些「朋友」，就是讓你空虛寂寞覺得冷

聊天小白

好幾年沒聯絡的
高中朋友
突然來電

怎麼了？
是要結婚了嗎？

在聽

「喔，找我什麼事？」

BUS
STO

沒有啊！
就突然想到
你呀～

BUS
STO

沒有什麼事
比**想你**來得
還重要。

BUS
STOP

有些「朋友」，就是讓你空虛寂寞覺得冷

因為彼此
有著同樣的心意，

才會展開一段
戀愛。

當那份心意
消磨殆盡以後，

我們也就這樣
Bye 了。

我也是醉了

心跳莫名加速

腦袋好像有點暈

心情突然變好

原來喜歡一個人
跟喝茫一樣呀……

有些「朋友」，就是讓你空虛寂寞覺得冷

忽略

不知從何時開始，和朋友越來越少見面了。

但這並不是因為我們忽略了對方，

而是我們都在各自的崗位上努力生活吧？

……我是這麼想的啦。

「英美，妳在幹嘛？」

「和男朋友約會呀！」

完美的旅行

喜歡拍照的朋友

喜歡吃美食的朋友

再加上
喜歡放空耍廢的朋友

大家一起去旅行，
就是超完美行程。

不領「加班獎」，可以嗎？

因為沒有人約，

因為無法拒絕別人，

所以今天又變成我要加班了。

雖然大家在下班時嘴裡不停的說著抱歉，

但感覺他們的內心正在開心的吶喊著：「耶！」。

沒想到，不知不覺中，

我也變成了別人眼中的濫好人。

難怪有人說，你只要幫別人一次，

以後就會推不掉了，這句話說得真中肯。

是說，與其一個人邊做邊靠北，

倒不如**說點小謊來拒絕**，都還比較好吧？

很會忍

怕被認為是歇斯底里，
所以忍著。

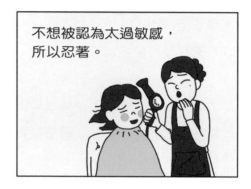

不想被認為太過敏感，
所以忍著。

怕被認為心胸狹窄，
所以不斷忍耐著。

原來年紀越大，
忍耐度也會跟著
提升啊！

讓人後悔的話

和久違的
朋友們見面，

聊著各種不同話題。

在互相道別後，

一定會有後悔說
出口的話。

「早知道就
不要提那件
事⋯⋯。」

有些「朋友」，就是讓你空虛寂寞覺得冷

看得到，吃不到

不管衣服再怎麼漂亮，

只要不適合我，
就得放棄。

不管再怎麼帥氣的人，

只要不適合我，
就應該放棄對吧？

早鳥預購

六個月前
預購的
音樂劇表演

原本有信心在六個月後
一定會交到女朋友的，

可是為什麼

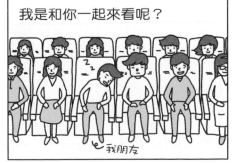

我是和你一起來看呢？

有些「朋友」，就是讓你空虛寂寞覺得冷

老友的存在感

新鞋
雖然很好看，

但平常穿的
運動鞋，
還是比較舒適。

雖然認識新朋友很好，

但還是懂我的
老友讓人最自在。

倦怠期

再怎麼相愛的戀人，

也會有倦怠期。

就連和好朋友，

也有倦怠期。

有些「朋友」，就是讓你空虛寂寞覺得冷

只有我是獨食

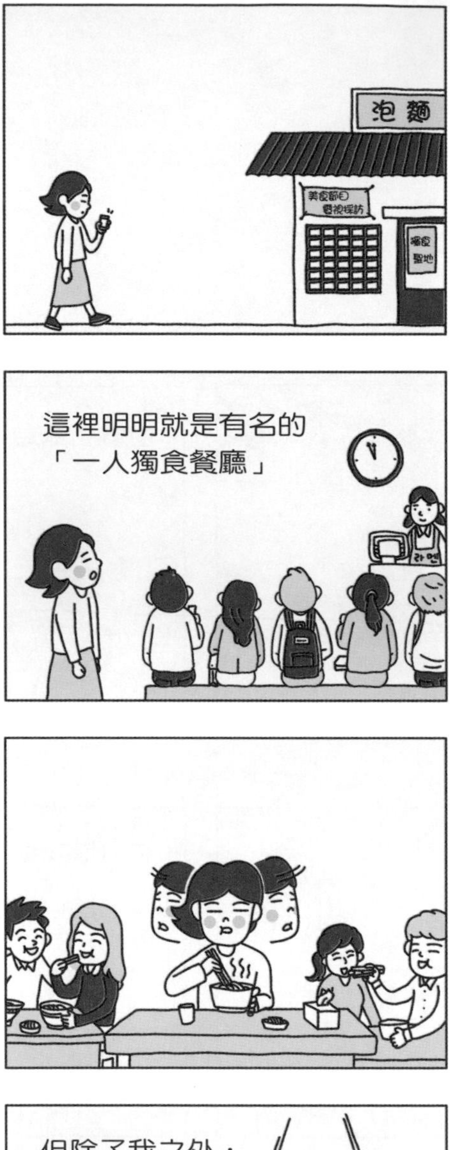
泡麵
美食節目
電視採訪
獨食
聖地
這裡明明就是有名的
「一人獨食餐廳」
라면
但除了我之外，
全都是
情侶呢……

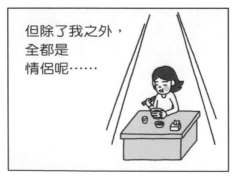

我不缺

想要看場電影，

卻找不到
有趣的電影。

雖然想要談一場戀愛，

卻找不到興趣相投的人……

有些「朋友」，就是讓你空虛寂寞覺得冷

咖啡，不只是咖啡

一天要喝上三、四杯咖啡，已經變成我的習慣。

不過，與其說是喜歡咖啡，

倒不如說是咖啡在我心中扮演了各種角色。

首先是到了公司以後，

它代表著一天工作的開始，

除了能趕走陣陣襲來的睡意，

還填補了莫名空虛的嘴巴。

甚至是想要和別人聊天時，

只要一句「來杯咖啡吧」，

就能輕鬆的展開對話。

咖啡，就這樣開啟了我的每一天。

其中，我最喜歡的就是，

可以讓我和別人閒話家常吧！

有些「朋友」，就是讓你空虛寂寞覺得冷

這種朋友毋湯

比起那些讓人翻白眼的話，

我需要的是
可以開心聊天的朋友。

比替我假操心，

我需要的是
可以給我正能量的朋友。

讓人不自在的聚會

參加聚會時，

「喔！好久不見了！」

比起開心見到的朋友，

「聽說妳和他分手啦？」

讓我不自在的人反而變多了。

「你怎麼還一直不買車啊？」

這是我的問題嗎？

有些「朋友」，就是讓你空虛寂寞覺得冷

捧花的意義

雖然大家看起來
都像是不結婚的人，

轉眼間
卻接二連三的結婚。

而捧花，

也就只有我們這些
剩女們在搶吧。

幫我加熱

食物冷掉了，

再加熱，
就可以把它
變得熱騰騰的。

「老闆～
請幫我加熱一下」

已經冷卻的心，

「我們分手吧！」

如果也能再次加熱
該有多好。

有些「朋友」，就是讓你空虛寂寞覺得冷

該不該說？

沾在牙齒上的口紅

卡在眼角的眼屎

後頸露出來的衣服標籤

說了有點尷尬，不說又覺得有點礙眼，到底該不該說？

人際關係的空虛感

雖說為了維持人脈，

就算不想參加聚會，還是會硬出門。

「哇～真開心見到你！」

就算沒有很熟，
還是會去對方的婚禮。

但到最後，
還有聯絡的又有幾個呢？

有些「朋友」，就是讓你空虛寂寞覺得冷

美式咖啡

充斥著
甜甜的香氣，

讓內心跟著
溫暖起來、

讓人可以展開
美好一天的美式咖啡。

哪裡可以找得到
這種人呢？

戀愛也是新手上路

新手上路，

心臟總是緊張到怦怦跳，

但偶爾還是會凸槌⋯⋯

至於戀愛呢？
我一直都是新手。

言語霸凌

有時候，別人無心的一句話，

卻深深的傷了我們的心。

即使說的人並沒有那個意思，

即使那只是個玩笑或意見而已，

但我認為，**只要有人因此而受傷，**

就絕不能這麼輕易帶過。

那些傷人的話，本身就是一種言語霸凌，

所以我一直無法去同理那些說出這種話的人。

但就在某天，有個朋友開玩笑的對我說：

「你以前曾叫我○○，我當時真的很受傷耶！」

原來我也曾經讓別人傷心難受……

這讓我感到十分震驚，也很慚愧。

過去的我是否總是以嚴格的標準來衡量他人，

卻對自己說出口的話太大意了呢？

不踩地雷

對親切的人？
更加親切。

對謙虛的人？
更加謙虛。

對愛發脾氣的
人呢？

還是閃遠點吧！

雖然和常見的朋友們

「女人還是要看個性！」

「但打扮也很重要！」

聊天的話題
多半都與戀愛相關，

但實際上
我們都是單身。

有些「朋友」，就是讓你空虛寂寞覺得冷

不會過熱，

也不會過冷，

對我來說
是剛剛好的溫度。

好想跟那種人交往。

為什麼就遇不到
這樣的人呢？

理想型

比起一見鍾情，

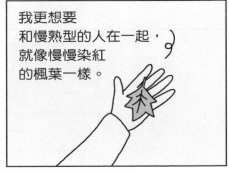

我更想要
和慢熟型的人在一起，
就像慢慢染紅
的楓葉一樣。

有些「朋友」，就是讓你空虛寂寞覺得冷

裝死就沒事

如果自大，怕被別人嫉妒。

「大家都說我的點子很棒……」

如果喊累，又怕被說抗壓差。

「每天都只有我一個人加班……」

雖然有很多話想說，
但今天依然繼續裝死！

就這樣
又過了一天。

啊，是不膩嗎？

再喜歡的歌，
一直聽也會聽煩。

再喜歡的食物，
一直吃也會吃膩。

再喜歡的人，天天見
也會感到厭倦。

「所以說，
今天就別和女友約會，
陪我喝杯酒吧～」

有些「朋友」，就是讓你空虛寂寞覺得冷

單身

雖然因為單身，
所以不會吃醋、

不會吵架，

也不會分手……

但最大的問題，
就是忘了什麼
是怦然心動
……

「呼～」

穿新鞋
一開始會磨腳，

去新公司上班
一開始會有點不適應，

一段新戀情
也需要一點時間來適應！

有些「朋友」，就是讓你空虛寂寞覺得冷

111

3

工作一直都水逆，
但不要畫地自限

我衝動，但不辭職

「妳連這點小事都做不好嗎？」

我將憤怒
和委屈的心情

乾脆不幹了？

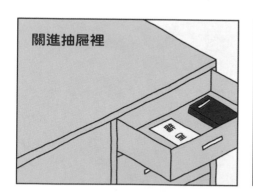

關進抽屜裡

因為我是成熟大人了？

又要加班了！

新人時期
是因工作不熟而加班，

後來是
為了得到認同而加班，

現在則是
因為很會做事而加班，

. . .

我也想準時下班！

「計程車！」

撐下去的力量

如果沒有
午休時間，

沒有和同事一起
瞎聊的時間，

沒有得到主管的
任何一句稱讚，

「喔～妳做得
很好嘛！」

應該很難
撐到現在吧？

開機

到了公司
必須先來杯咖啡，

邊抽根菸，

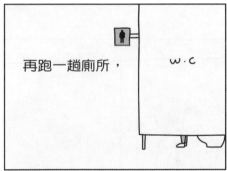

再跑一趟廁所，

w.c

我才會有
正式開機的感覺。

工作一直都水逆，但不要畫地自限

都可以就是不可以

「副理～
您中午想吃什麼？」

「都可以」這句話

「都可以吧？」

代表的似乎並不是都可以……

「泡菜鍋如何？」
「我昨天才吃過。」
「豬排飯？」
「除了這個之外，
還有嗎？」
「那炸醬麵呢？」
「我還好耶～」

而是要別人猜
他想吃什麼。

呼～

每天早上
好不容易從床上爬起來，

在人潮之中
被擠到前胸貼後背。

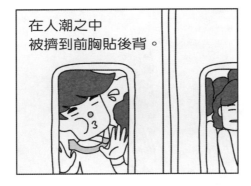

光是進公司這件事，

就讓我覺得今天工作
已經完成一半了。

＼上午得休息一下才行！／

上班這條路上，我從未醒過

每天上班，我都要轉乘兩班公車。

偶爾運氣好會有位子坐，

但大多時候都只能站著拉拉環。

雖然早就習慣了人潮擁擠的公車，

就算要站著睡也沒問題，

但因為通勤實在太痛苦，一度讓我動了想要買車的念頭，

還四處向人打聽消息。

正當我煩惱著該買什麼車才好時，突然想到一件事：

「上班路上總是半夢半醒、打盹的我，

真的有辦法每天開車到公司嗎？」

所以，我最後還是打消了買車的念頭，

依舊轉乘兩班公車上班。

同時再懷抱著小小的期待，

說不定哪天能像廣告演的一樣，

在公車上邂逅另一半……。

人生是場察言觀色的遊戲

搭車
想坐空位得
察言觀色。

在聚餐時，
想吃最後一塊食物得察言觀色。

在公司裡想要準時下班，
也得察言觀色。

說不定人生就是一場
察言觀色的遊戲吧？

國中總是欺負我的
那個傢伙

大學
硬灌我酒的
那個學長

在當兵時
總是將工作推給我的
那個學長

把這些人全部加起來,
就是我現在的公司主管!

「你很閒吧?」

下班跟上班沒兩樣

如果沒有準時進公司，

就會唸個不停。

那為何準時下班，

就要給我臉色看呢？

「現在就要走了？」

今天的公車
很快就來了，

還被請了
一杯咖啡，

「我來付吧！」

甚至連抽獎都中獎，
真的是超幸運。

這麼好的日子，
為何偏偏還得加班！

「今天大家都要
留下來加班！」

工作一直都水逆，但不要畫地自限

言語的力量

言語

「妳好像很閒？」

有驅使人

「工作進度到哪裡了？」

行動的

「都已經工作幾年了，怎麼還這個樣子？」

力量

人力銀行

準備就業時，

以為只要找到工作，就能得到幸福。

「我會努力工作的！」

但成為上班族之後，

好像**只有辭職**才會得到幸福。

「呼～」

憂鬱星期一是不治之症

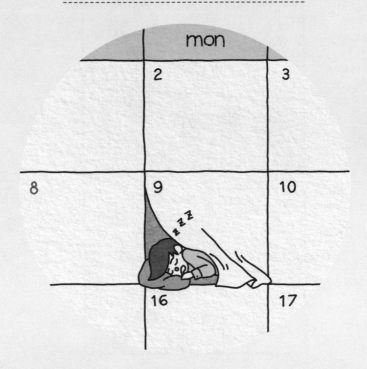

從學生時代到上班族，

我一直被一種病不斷折磨著。

那就是憂鬱星期一！

不過似乎不只是我，

身邊的大多數人好像也都有這種毛病。

為什麼週末結束後，再回到公司上班的星期一早上，

會讓人感到如此煎熬呢？

是因為週末過太爽了嗎？

有時，我會因為憂鬱星期一，

甚至萌生辭職在家休息幾個月的念頭。

雖然憂鬱星期一是不治之症，

找不到任何治療方法，

但仔細回頭想想，

以前我好像有段時間沒有這種症頭。

例如：單戀同事、剛成為新人，

光想到要上班就滿腔熱血的那時……。

除了辭職和辦公室戀情之外，還有解嗎？

早上很忙

睡前

雖然想著
明天早上要不要
穿洋裝,
再配上高跟鞋?

但一到了早上,

還是穿了常穿的衣服,
和平底鞋出門上班。

嗶!

工作量不多的日子

上班的這條路，
可是腳步輕快。

工作量爆炸多的日子

上班的這條路，
可是寸步難行。

很閒和炸忙

工作一直都水逆，但不要畫地自限

同事離職

到了
同事離職的
那一天，

以前都會覺得
很傷心，

現在只剩下
滿滿的羨慕。

「妳要跳槽了嗎？」

啊～工作量
又要增加了。

就算不好笑

「牛唱歌會變什麼？」
「會變成『訴訟』喔～
呵呵呵」*

也必須得笑。

「噗哈哈哈～！」

主管只要一說完話，
臺下就得立刻做出反應。

啪啪啪～！

我到底是上班族，
還是觀眾啊？

* 在韓文，牛唱歌和「訴訟」同音。

工作一直都水逆，但不要畫地自限

上班的竅門

天氣好的日子，
要搭可以看見窗外的公車。

下雨天則是
搭捷運上班。

睡過頭的日子，
就要搭計程車上班。

這就是上班的竅門！

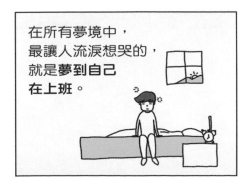

在所有夢境中，
最讓人流淚想哭的，
就是夢到自己
在上班。

轉臺

只要有一點不好笑，

就會立刻轉臺。

我也好想把讓公司聚餐冷場的

這個人轉掉喔！

「你們知道
崔佛岩系列嗎？」*

＊ 韓國演員，有「國民爸爸」之稱，以講冷笑話
為特色。

果然還是炸雞大人好

雖然原本就喜歡炸雞，

但成為上班族之後，我就更愛炸雞了！

還有什麼食物，

可以受到男女老少所有人的喜愛，

而且又適合所有場合的呢？

即使上班壓力很大，

只要下班以後，和同事大吃炸雞配啤酒，就能大快人心；

就算厭世到吃不下飯，

只要聞到炸雞所散發出來的香味，馬上就會滿血復活！

此外，能夠填補無人約的 Friday Night，

那股空虛寂寞的也是炸雞。

不過，坐在電視前追劇或看電影，

獨自吃著炸雞的滋味才是最棒的！

果然還是炸雞大人好！

到底是什麼關係？

聽說一天只要打 3 次電話，

「您好～」

就是熱戀中。

「啊⋯是！」

那一天狂 CALL 7 次，

「啊⋯是⋯好好。」

要求修改設計的
你又是什麼呢？⋯⋯

鈴鈴鈴～

要我認真去談場戀愛，

「這個年紀怎麼
不去交女朋友呢？」

好好享受當前的
青春，

「要趁年輕時
多玩一點～」

那就不要只是出一張嘴，

先讓我準時下班吧！

咖啡大神

上班時的咖啡
是開啟一天的提神藥。

午休時的咖啡是
讓你撐到下班的蠻牛飲。

但加班中的咖啡
卻是止痛藥……

「呼～現在
下班回家吧？」

就算想忙裡偷閒，

但只要有人在看，
就會更加努力工作。

只要被稱讚，
就會表現得
更加認真。

「做得很好嘛～
這個你來做做看吧！」

奴性就是
這樣養成的吧？

時間就是金錢

我不是靠工作

來賺錢，

而是靠賣肝、賣時間

來賺錢。

原本還以為
只要不是公司最菜就好，

結果卻是責任變重，

「這次的資料就交給
李主任來整理吧！」

「是！」

開銷也變大了。

「前輩，
請我喝杯酒吧～」

在職場中
果然沒有爽缺吧？

早上的瞇一下

雖然我曾經幻想過，

每天早起做運動、吃早餐，再從容上班，

但現實卻是，

一睜開雙眼，就急急忙忙的出門上班。

我只暗自慶幸沒有遲到就好。

為什麼早晨時光總是流逝得特別快？

原本只想再多躺個五分鐘就好，

真的也才稍微瞇一下而已，

沒想到就過了一小時……！

每天早上總是敗給回籠覺的我，

對於那些早上去補習班進修或運動的人，

只有滿滿的尊敬和羨慕。

拜託！每天早上別再睡過頭了，

讓我也享受一下外帶一杯咖啡的從容吧！

時間相對論

上班的時間

總是過得很慢，

但為何
在家耍廢的時間，

卻總是
過得這麼快？

週五晚上

雖然討厭聽到要開會，

「來開會吧！」

但更討厭聽到公司要聚餐。

「來聚餐吧！」

還有說出這些話的主管！

「快樂星期五就得好好享受一下～」

「沒有禁止公司聚餐的法案嗎？」

週五晚上

工作一直都水逆，但不要畫地自限

149

休息永遠都不夠

原本以為已經
休息夠了，

卻還想要
繼續休息。

「好累～」

我想這應該
不是因為真的累，

而是因為
不想工作吧？

來請個
年假好了？

工作忙了一整天，

只要稍微休息，

主管就會突然神出鬼沒……

「你最近好像很閒嘛？」

好好休息，
似乎也是一種本事。

工作一直都水逆，但不要畫地自限

151

通通買起來

人生就是靠這種樂趣
來度過工作的煎熬。

買

起

來

買太多了嗎？

原本是為了和睦而辦的
研討會，

「這次研討會的住宿
就請李主任來找吧～」

「好！」

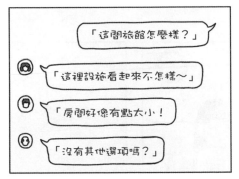

卻從出發前

「這間旅館怎麼樣？」

「這裡設施看起來不怎樣～」

「房間好像有點太小！」

「沒有其他選項嗎？」

就讓人火冒三丈！

\ 真想不幹了 /

工作一直都水逆，但不要畫地自限

153

加班的莫非定律

以為要加班，

卻早早下班……

今天做什麼好呢？

好像可以準時下班，

就一定會加班。

「抱歉～我們
改天再約吧！」

炸醬麵和炒麵各半，

酥脆炸雞和醬味炸雞各半，

工作和休息
就不能也各半嗎？

好想找到工作和
生活的平衡
啊啊

工作一直都水逆，但不要畫地自限

155

4

笑著笑著就流淚
的人生滋味

約的不是時候

想要獨處的那一天，

就一定會有人約……

想要有人陪的那一天，

就一定會自己一個人……

依舊對自己陌生的30歲

吃不消

自以為很厲害！

「當年我在紐約大學……」

自以為很懂！

Excel

自以為有錢！

原來倚老賣老
也會讓人吃不消啊……

還是單身好

談戀愛終究會有疲乏的一天。

結婚有小孩以後，應該也是每天累歪歪吧？

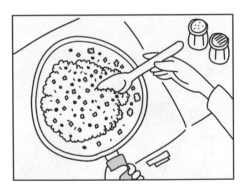

或許，
現在單身
才是最幸福的
也說不定！

依舊對自己陌生的30歲

媽媽的味道

和門庭若市的美食餐廳相比，

和高級的日本料理相比，

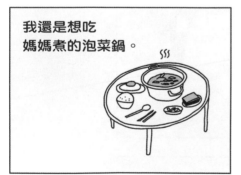

我還是想吃
媽媽煮的泡菜鍋。

尤其內心特別空虛的時候，
就更懷念媽媽的味道。

高跟鞋

喜宴

聯誼

面試

穿高跟鞋不舒服，
究竟是因為我的腳？
還是心情？

說話跟不上腦袋

生氣的時候

「呵……」

委屈的時候

「那個……」

想不出該說什麼才好，

ㄅ ㄆ ？ ㄍ
ㄉ ㄊ ㄇ

總是等到事情過了才會想起。

「呵！剛才應該
這樣說的！」

=3

駕照

原本以為拿到駕照，

就可以去遊山玩水，
走遍全國各地，

開著車到處
溜達，

但現實卻依然是
無車族。

手機焦慮症

平常總覺得手機

「叮咚！」

會妨礙
工作進度，

「叮咚！叮咚！」

但忘了帶手機
上班的那天，

卻又因為不安
而無法專心工作。

要不要
回家一趟？

啤酒的力量

雖然和大家喝酒很開心，
但偶爾我更喜歡自己小酌一杯。

看著自己喜歡的電影配著小酒，
或是在洗完澡後來一罐啤酒！
這時，啤酒不再只是啤酒。

有時候，它安慰了我疲憊的一天，
有時候，它又像是對自己的小小犒賞。

或許我根本就不是想要喝酒，
而是為了替自己找到可以完全放鬆的時間，
才會想喝啤酒吧？

回家記得要繞去便利商店買個啤酒和下酒菜！
光用想的，就讓心情整個愉悅了起來。

飽了

在公司飽嚐臉色，

在夜店飽受冷落，

下班後獨自用餐，

「啊～
飽到一個不行！」

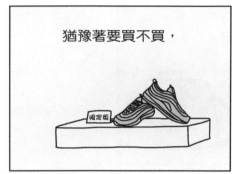

猶豫著要買不買，

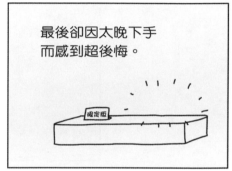

最後卻因太晚下手
而感到超後悔。

如果猶豫著要不要去，

那就先去再說吧！

「喔耶～特價！」

笑著笑著就流淚的人生滋味

尷尬的一天

平常不太擦的
口紅

捨不得背出門的
名牌包

不常穿的
高跟鞋

我偶爾會有一天
完全不認識我自己。

「初次見面～」

喝酒掛

就連平常
不太喜歡的人，

也可能會因為一杯酒
而成為好麻吉。

酒有將人
串在一起的
力量。

雖然可能就只有那麼一天……

「喔，你好！」

「啊，
你好！」

媽媽的工作

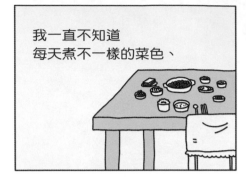

我一直不知道
每天煮不一樣的菜色、

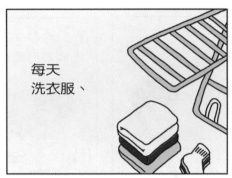

每天
洗衣服、

每天打掃家裡
是多麼了不起的事情。

「好想媽媽喔～」

一直到我搬出去
自己住⋯⋯

媽媽的口味

前女友喜歡義大利麵，

前前女友喜歡握壽司，

那媽媽喜歡吃
什麼呢？

「媽～我週末會回家，
妳有沒有想吃什麼？」

我喔……
兒子那你想
吃什麼？

笑著笑著就流淚的人生滋味

173

重要的日子

每當重要的日子來臨，

髮型

服裝

和化妝

都一定會弄得比
平常還要誇張。

敘，是不是
下手太重了？

依舊對自己陌生的30歲

什麼時候去？

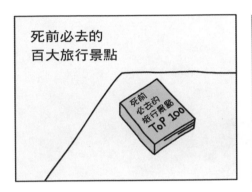

死前必去的
百大旅行景點

學生時期因為沒錢而去不了，

當了上班族以後，

卻因為沒有時間而
去不了。

當秋天來臨

我是個容易感傷的人。

每當秋季來臨時，

到處都能聽到「悲秋」這兩個字，

其實，這是「寂寞」的另外一種說法。

為什麼我只有在秋天會感到特別寂寞呢？

是因為天氣轉涼，背部感到涼颼颼的？

還是因為落葉紛紛而感到蕭瑟？

雖然秋天容易讓我感傷，

但並不代表我討厭這個季節。

儘管它不像春夏那般生意盎然或充滿活力，

但它也不像冬天那般寂寥。

秋天彷彿是同時擁有帥氣老去的中年浪漫，

以及孤獨的高貴季節？

我也想像秋天一樣，帥氣的老去……。

笑著笑著就流淚的人生滋味

所謂的週末出遊，

就是能忍受塞到動彈不得，

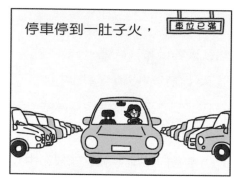

停車停到一肚子火，

車位已滿

以及大排長龍這件事！

早知道就待在家了……

入口

旅行的滋味

雖然自己獨自出遊會有點孤單，

但很適合沉澱思考。

雖然和朋友一起出遊有點累人，

但可以和他人一起分享喜悅真好。

夢到小鮮肉

偶爾

會有

希望永遠

不要醒來的夢。

稱讚絕對沒好事

如果平時冷淡的主管

「你換髮型啦？」

突然稱讚你，

「新衣服？挺帥的嘛～」

就要小心觀察！

「你下午忙嗎？」

因為**通常必有所求**……

「是！老闆～我知道了！」

口罩之亂

以前看到
戴口罩的人

會有點害怕，

但現在這個世界，
反而是沒戴口罩

比較可怕一點。

地表我最怕

不管是看恐怖片，

或是搭乘超刺激的遊樂設施，

我都不曾尖叫過。

「啊！」

直到遇見這個傢伙為止……

小強
………🐛

支支吾吾

在路上巧遇前男友，

如果先打招呼
似乎太傷自尊心，

如果裝作不認識
感覺又很小心眼……

正當我想著想著，
竟然就擦肩而過了。

應該沒看到我吧？

依舊對自己陌生的30歲

喜歡的都一樣

買了自己喜歡的衣服，

卻發現衣櫥裡
的衣服款式
都差不多。

和自己喜歡的人
交往，

卻發現交往對象也都是
同一種類型。

你的熱忱，是對自己的生活負責

當我還是新人時，公司的副理曾說：

「最近的年輕人還真不上進」。

聽到這句話，我立刻就跟他槓了起來：

「你憑什麼這樣說？」

再怎麼說，我可是放棄玩樂、努力累積經驗，

好不容易才進入公司的，

但所有的努力和付出卻被這句話給否定了……。

一想到這點，就讓人既憤怒又不快。

所以，後來我為了證明那句話是錯的，

我常常自願留下來加班，

沒事就去進修。

當時我以為這就叫做熱忱，

直到後來才知道……

原來**真正的熱忱**，

是認真玩樂、認真戀愛，好好照顧自己。

那還是吃吧

忍飢挨餓

咕嚕嚕

並不會瘦下來，

增加的只有皺紋……

「那還是吃吧！」

反正都是上班族

歷練豐富的
這個人

留學回來的
這個人

還有畢業於名門大學的
這個人

現在都和我一起在
加班。

沒有音樂的一天

上班路上

忘了戴耳機出門的日子

去公司的路上，

為什麼感覺這麼遙遠呢？

早知道
就回家拿了……

拜託別破梗

就像劇情很好猜
的電影很無趣，

啊～我就知道
會這樣演！

劇情讓人猜不透
的電影，

反而更令人
印象深刻一樣，

一直想起
那一幕呢……

難以捉摸的人
反而更
令人難忘。

一直想到她……

飢餓與飽足感

依舊對自己陌生的30歲

是你的跑不掉

「那我來穿穿看吧？」 「感覺不太適合我！」

當不適合自己的衣服
穿在他人身上卻很搭時，

「喔～這根本就是你的衣服嘛！」

感覺就像自己喜歡的人
被搶走一樣。

「喂！等等我～」

刷卡無感

這期卡費
大爆炸，

但只要從頭
開始算起，

？？？

卻又莫名奇妙的吻合。

「是我花的
沒錯。」

「還是換成
簽帳卡好了？」

依舊對自己陌生的30歲

194

平凡的意義

平凡的造型
雖然不會引人注目，

「好像
太不起眼了？」

但這種衣服反而可以
穿得最久。

說不定越平凡的人，

也是可以在一起
越久的人吧。

5

哈囉，是我有問題嗎？

質詢大會

不知從何時開始，

「妳打算要讀哪間大學？」

逢年過節就會變成一個針對我，

「妳還沒找到工作嗎？」

並且讓我感到淒涼不已的
質詢大會。 「沒有交往對象嗎？」

這是我的錯嗎？

果然要出國
才是上上策！

學英語

學英語
戒菸

學英語
戒菸
減肥

總覺得今年的計畫
會變成每年的計畫。

哈囉，是我有問題嗎？

199

是我不正常嗎？

衣服很多，卻找不到可以穿的。

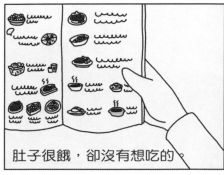

肚子很餓，卻沒有想吃的。

想談戀愛，卻不想參加聯誼。

「要參加聯誼嗎？」　　　「嗯……」

是我
不正常嗎？

學貸

零存款

24 個月分期

真想過個閃閃發光
的人生，而不是
口袋光光。

哈囉，是我有問題嗎？

肥肉掰掰

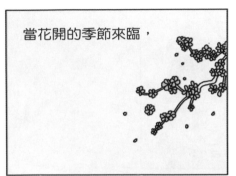

當花開的季節來臨，

就是

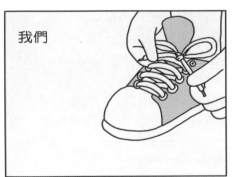

我們

道別的時刻！

肥肉～
拜託你也
快走吧！

以前擠破頭都想進的公司，

現在卻成了讓我動不動就想辭職的鬼地方。

但即使很想辭職，

在現實層面的考量下⋯⋯

「這個月的卡費怎麼辦？」

「辭職之後要做什麼？」

我也只能重新調整心態，死活都要撐下去。

「青春就是要勇敢挑戰」、

「人生就要做自己真正喜歡的事情」

就連這些雞湯文，

也抵不過能夠按時領取工資的現實。

朋友的婚禮

參加朋友的婚禮

一見到朋友，
眼淚
就流了出來，

並不是因為羨慕，

而是感到不安。

我還嫁得出去嗎？

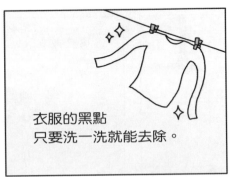

衣服的黑點
只要洗一洗就能去除。

「你到底會不會做事？」

黑掉的我
又要用什麼來漂白呢？

哈囉，是我有問題嗎？

207

一個人超有感

停電時

雷電交加時

深夜搭計程車時

在這些時候，
總覺得我身邊的
空位特別空蕩蕩。

「爸……」

自言自語

開始一個人的
生活以後，

「要不要來
叫個炸雞？」

咕嚕嚕~

就變得很常自言自語。

「今天要穿什麼
好呢？」

是因為自己一個人
太自在？

「哇靠~笑死我了！
哈哈」

還是因為
不想太安靜呢？

「今天還不錯嘛~」

習慣在下班後，
一進到家門，

就立刻
打開電視。

這或許不是因為
真的想看電視，

而是因為不喜歡
自己獨處的寂寞吧？

哈囉，是我有問題嗎？

211

撲克臉

自出社會以後，我學到的其中一點就是表情管理。

在我還是新人的時候，因為沒有做好表情管理，
喜怒哀樂都寫在臉上。
每當這種時候，別人就會問：
「你今天怎麼了嗎？」、「是我惹你不開心嗎？」

但現在我已經非常習慣了，
即使生氣或心情不好，也不會讓對方察覺。

因為，當我展露情緒時，
對方並不會認為我是個性直爽的人，
只會覺得我是一個無法控制自己情緒的人。

或許，不只在紙牌遊戲，
在社會生活中，「撲克臉」也是必備的求生技也說不定。

一切都是「人」的問題

以為皮膚變差是因為
沒用保養品……

「請用這個看看～」

CARE　SKIN CARE

以為最近身體不好是因為
沒吃保健食品……

「請吃這個
看看～」

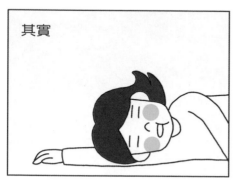

其實

一切都是「人」的問題。

原本以為
每天
認真運動，

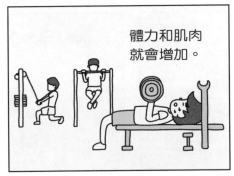

體力和肌肉
就會增加。

咕嚕嚕

但為何增加的
只有食慾？

Many
Stop.

哈囉，是我有問題嗎？

215

遊戲與現實

聽說比起練到滿等，

打怪還是在低等時比較有趣。

但我的人生還沒滿等，

為何已如此無趣？

雖然很想立馬辭職,

辭呈

去做自己喜歡的事情,
過著多采多姿的生活。

咖啡師?
酒吧老闆?
旅行作家?

但我還不知道
自己真正喜歡的是什麼……

受傷的內心

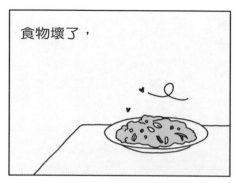

食物壞了，

只要丟掉就好。

但內心受傷了，

「我看妳該減肥了吧～」

丟也丟不掉。

「可惡！」

在感情上受的傷，

必須依靠另一段感情
來忘卻。

那現在的煩惱，

必須靠更大的煩惱
來遺忘嗎？

流行跟上了沒？

最近偶像的名字

最近的流行語

雖然沒人逼我，

但我還是不想跟不上……

以前如果
想吃羊肉串，

就會約朋友一起去
吃羊肉串。

「今天約
羊肉串喔？」

但最近連羊肉串
都可以外送。

就這樣，
一個可以約出來的
理由又沒了。

自己一個人吃
好空虛……

工作一直都水逆

「等手邊的工作都結束，

我一定要請假～大玩特玩！」

每次都只能靠著這種想法，來度過超級累人的案子。

但是，只要案子一結束，

就好像不停水逆一樣，

一定又會有其他工作緊接而來。

老爸老媽聽到我在碎唸，

總會說：「最近那麼不景氣，你有工作，

已經要惜福了啦！」。

雖然我也認同他們的說法，

但即使如此，

我還是想嘗試那種可以一邊玩、一邊工作的生活。

問題是，這樣工作還能領薪水，真的沒問題嗎？

慢性疲勞

就算看到沒禮貌的人，

也無法說什麼，

\Bla~bla~/

是因為我非常
非常非常……

「喂？怎啦？」

累！

「呼～」

每當新的一年到來，

房價變貴了，

物價也漲了，

為何只有我的薪水都沒變？

「您的卡刷爆囉。」

哈囉，是我有問題嗎？

一秒就厭世

當內心
感到幸福時，

就算獨處也很幸福。

當內心
超厭世時，

一個人獨處
還真是讓人想哭。

「美麗，
妳在幹嘛？
要不要來
喝一杯？」

終於到了期待已久的
週末！

雖然我也想要
洗衣服、打掃、
看電影、
和朋友出去，

現實卻是……

週末一下就結束了！

哈囉，是我有問題嗎？

擔心不完的人生

家住得太遠，

早上擔心上班會遲到，

晚上擔心回家太晚，

一天的開始和結束
都在擔心中度過呢！

吃飯配手機

最近手機占了現代人日常生活中很大的一部分，
很難想像沒有手機的一天要如何度過。

或許正因為如此，
和朋友見面時、公司的午休時間，
大家各自看手機的時間
遠比看著彼此的臉對話的時間還多。
甚至就連出去玩也都埋頭滑臉書或 LINE。

多虧手機的發明，讓我們得以和許多人聯繫，
也能輕易的取得各種資訊，
但我們也因此失去了許多東西。

或許在與他人相處時，
我們是否暫時先放下手機，將注意力放在對方身上呢？

失敗的原因

減肥

不太順利，

並不是因為器材不夠好，

而是無法**戰勝自己**的**內心**。

性向與職業

哈囉，是我有問題嗎？

233

人生沒有如果

如果想要存錢，
只要不花錢就行。

如果想要減肥，
只要
不吃不喝就行。

如果想要準時下班，
只要**不看主管臉色**就行。

這些說來容易，但對我來說，
卻是最困難的。

又在瞎擔心了⋯⋯

如果不喝咖啡、

這個月又慘了！

不參加酒聚、

減少購物，
存款就會增加吧？

但這樣生活還有什麼樂趣呢？

「今天來一杯如何？」

「沒問題！」

哈囉，是我有問題嗎？

休息也擔心

原本以為只要脫離苦海，

就可以得到幸福。

「恭喜妳離職！」

一旦開始休息，

又開始擔心起其他的事情。

「呼～」

半熟銀行

存款餘額
1,200,000

最近看新聞
不是令人憤怒，

就是令人感到
痛心，

盡是
可怕的消息。

如果每天都只有
令人開心的新聞
就好了。

6

不懂大人的世界
也無所謂

都怪手機

不管再怎麼拍，

都沒有半張照片
讓人滿意。

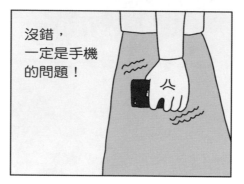

沒錯，
一定是手機
的問題！

看看能不能
撈到一張美照吧～

職場能力 2.0

在公司待越久，
增加的不只是業務能力。

還有趁主管不注意時
偷偷血拼的能力、

在聚餐上烤肉的
能力，

也都自然而然的
進化成 2.0。

都怪冬天

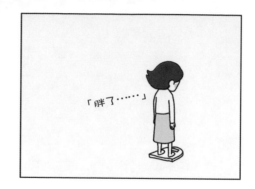

「胖了……」

不管是健身和

減肥,

都會在冬天罷工。

沒關係,
現在是冬天嘛!

週日慢慢來

比平常
還要早起

心情愉悅的
泡個澡

特地
做一頓早餐

今天是星期天！

沒關係，還剩下
12個小時！

超解壓處方箋

就像在身體不舒服時

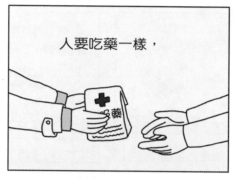

人要吃藥一樣，

這是心很累時

超解壓的處方箋。

習慣很可怕

- - - - - - - - - -

烈酒只要常喝，

突然某天就會覺得好喝。

那些機歪話只要常聽，

最後也會變得麻木。

好想忘記

就像剝著

冬天的橘子
來吃一樣，

我好想
把那些不好的回憶

全都忘光光*。

＊
「剝來吃」和「忘光光」的韓文發音一樣。

常看還是
覺得有趣的電影

常吃還是
感到美味的食物

常去還是去不膩的
地方

我好想成為
某人想要常常
見到的那個人。

下定決心愛自己

我曾聽過某句話：

「愛別人之前，必須先學會愛自己。」

我突然開始感到好奇，我有愛自己嗎？

仔細想想，在照鏡子的時候，

我永遠只在意自己外表的缺點。

在個性和能力方面，

好像也一直拿自己和別人比較，因而感到自責。

如果我都看不見自己的好了，

那又有誰會愛我呢？

就算是從現在開始也好，

我決定要重視自己，對自己好一點！

這是我為愛自己所下的小小決心。

想要喝酒

想要吃蛋糕

有時候想要填飽的
其實是一種 Fu，而不是胃。

躺在你的衣櫃 ♫

某天
當我在整理衣櫃時，

發現好幾年前前女友
送我的衣服。

心情突然變好了。

我應該為得到一件
新衣服而開心嗎？

「喔～還不錯
看嘛！」

破碎

再漂亮的杯子，
摔破了也要丟棄。

再美好的愛情也是如此。

如果破碎了，
就得快點忘記，
這樣才能少受點傷。

意外的安慰

度過了艱辛一天的我，

偶爾
會從他人身上

「今天
也辛苦你了～」

得到一些
意外的安慰。

消費心態

連買件 350 元的衣服

都猶豫不決的我，

在 500 元的
炸雞面前，

「我還要加點
生啤酒～」

竟沒有半點猶豫。

依舊對自己陌生的 30 歲

酒量的法則

公司聚餐
是一瓶燒酒

聯誼
是一瓶燒酒

和朋友們見面……
無·限·暢·飲！

果然酒還是要和好朋友
一起喝才對味！

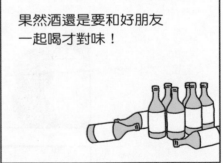

雖然不喜歡太忙，

但太閒
也會讓人不安。

如果工作和休息
能夠剛剛好
就好了⋯⋯。

「要睡去房間睡！」

改天再約

「你怎麼會來這裡？」

「喔！好久不見～」

「改天再約喝一杯吧！」

「好啊～我再打給你！」

「……還是今天開喝？」

「好！」

比起改天再約，我更想成為今天就約的人。

耍廢也是一種充電

就像手機要充電一樣，

為了迎接隔天，替身體和精神充電的方式就是睡飽飽。

以前我總認為週末只用來睡覺實在太浪費，

但最近覺得只要能夠睡飽，

就是週末充電的最好方法。

不要為了整個週末宅在家中、

無所事事而感到後悔，

就當作是替自己充飽了電，

這樣才能玩更多、笑更多，變得更加幸福！

不管是誰，都需要耍廢（呃……是充電）。

消暑

艷陽高照的夏日，
就是快點回家

熱死人了！

沖個冷水澡，

再對著冷氣
出風口吹，

現在終於
活過來了！

什麼都不做
才是正解。

旅行的目的

以前只要去旅行，

就會想排滿行程。

現在則是沒有行程，
就是最好的行程。

頭腦和心靈都是……

心靈富裕

原本還以為
心靈上的富裕

是靠自己努力來的……

原來發薪日也能
填補心靈啊！

依舊對自己陌生的 30 歲

什麼心態

沒人約的週末
如果天氣好，

心情就會很陰沉！

如果天氣不好

心情就會很開朗！

「繼續下吧～」

減法生活

少一點在意

少一點見面

「下次再約吧！」

少一點工作

做到這裡就好……

偶爾用減法生活
心情會更加輕鬆。

啊，真棒！

人情味

不知去哪
弄來一臺收音機。

雖然不能挑選
自己喜歡聽的歌曲，

但我越來越喜歡聽廣播，

「接下來的是英美小姐的投稿。」

是因為
從收音機裡
傳來了人情味。

我要不要也來投個稿？

平凡的幸福

久違的
睡到自然醒，

下午
再悠閒的來杯咖啡，

欣賞窗外
就能見到的美麗晚霞，

雖然平凡
但這不就是幸福嗎？

讓我開心的事

在某個週末，
我突然想到一個問題。

這禮拜有什麼開心的事嗎？

……
所以我下定了
決心！

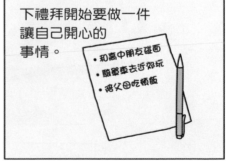

下禮拜開始要做一件
讓自己開心的
事情。

- 和高中朋友碰面
- 騎單車去近郊玩
- 跟父母吃頓飯

音樂給我的小小幸福

因為有音樂，

即使通勤超過一小時，也不會讓人感到無聊；

因為有音樂，可以讓憂鬱的心情變好；

因為有音樂，可以緩解人們之間的尷尬氣氛。

音樂就是具有這種安撫人心及相互連結的力量。

此外，音樂還能喚起往日的美好回憶，

只要聽到某段旋律，

和那首歌相關的回憶，便有如昨日般浮現在腦海中。

每天透過耳機傳來的音樂，

都為我捎來了一份小小的幸福。

唱反調

如果聽到
有人叫我不要喝，

「暫時要先
禁酒一下。」

就會變得

包美味熱炒店

更加迫切的想喝……

洋酒初樂

就愛唱反調！

一杯應該沒關係吧～

魯蛇的勝利

如果已經交了女朋友，

後來又出現了更完美、
命中注定的另一半，

我該怎麼辦？

……我只能這樣安慰
依然單身的自己。

啊～
好寂寞。

原本的我

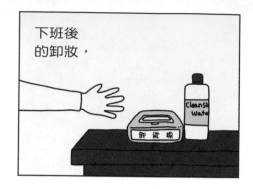

下班後
的卸妝，

說不定卸掉的
不止是化妝，

同時也是卸下
當天所有不好的
回憶，

以及找回
最真實的自己。

繼續潛水

我討厭
明明就不是
在寫報告，

為什麼還要修飾遣辭用句，
然後又擔心其他人怎麼回？

這就是我停止在社群網站上
發文的原因。

果然還是潛水
最棒了～

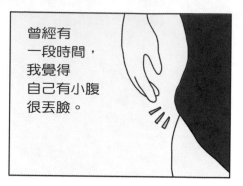

曾經有
一段時間，
我覺得
自己有小腹
很丟臉。

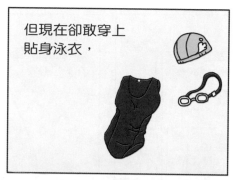

但現在卻敢穿上
貼身泳衣，

因為又不是只有我才是小腹婆。

我決定要在生活中
減少浪費力氣。

「喔噗～喔噗～」

最簡單的孝順

假裝幸福，

「工作很有趣呀～」

假裝健康，

「我有好好吃飯～」

假裝一切都好。

「沒什麼
特別的事～」

不讓父母擔心，
應該是最容易做到的孝順吧？

「我下调會
回去一趟唷～」

年終頒獎典禮

舉辦**年終頒獎典禮**的
12 月

就沒有人可以
對這一整年都很認真生活的我，

說聲做得很棒，

然後頒獎給我嗎？

自己的排行榜

比起暢銷書
我更
喜歡的書

比起熱門景點
我更喜歡的地方

一二三熱炒

比起流行
我更喜歡的衣服

在這快速變化的世界裡，
我只想慢慢改變就好。

issue 021

依舊對自己陌生的 30 歲
不懂大人的世界也無所謂，
年過 30 還是可以繼續耍廢，但不畫地自限！

作　　者／BOTA
譯　　者／賴毓棻
責任編輯／黃凱琪
校對編輯／蕭麗娟
美術編輯／張皓婷
副總編輯／顏惠君
總 編 輯／吳依瑋
發 行 人／徐仲秋
會　　計／許鳳雪、陳嬅娟
版權經理／郝麗珍
行銷企劃／徐千晴、周以婷
業務助理／王德渝
業務專員／馬絮盈、留婉茹
業務經理／林裕安
總 經 理／陳絜吾

國家圖書館出版品預行編目（CIP）資料

依舊對自己陌生的 30 歲：不懂大人的世界也
無所謂，年過 30 還是可以繼續耍廢，但不畫
地自限！／ BOTA 著；賴毓棻譯. -- 初版. --
臺北市：任性，2020.09
288 面；14.8×21公分. --（issue；021）
譯自：헛어른
ISBN 978-986-98589-6-0（平裝）

1. 成熟　2. 成人心理學

173.3　　　　　　　　　　　　109008754

出 版 者／任性出版有限公司
營運統籌／大是文化有限公司
　　　　　臺北市 100 衡陽路 7 號 8 樓
　　　　　編輯部電話：（02）23757911
　　　　　購書相關資訊請洽：（02）23757911 分機 122
　　　　　24 小時讀者服務傳真：（02）23756999
　　　　　讀者服務 E-mail：haom@ms28.hinet.net
郵政劃撥帳號／ 19983366　戶名／大是文化有限公司

法律顧問／永然聯合法律事務所
香港發行／豐達出版發行有限公司 Rich Publishing & Distribution Ltd
　　　　　地址：香港柴灣永泰道 70 號柴灣工業城第 2 期 1805 室
　　　　　Unit 1805, Ph. 2, Chai Wan Ind City, 70 Wing Tai Rd, Chai Wan, Hong Kong
　　　　　電話：21726513　傳真：21724355
　　　　　E-mail：cary@subseasy.com.hk

封面設計／FE 設計　葉馥儀
內頁排版／顏麟驊
印　　刷／緯峰印刷股份有限公司

出版日期／ 2020 年 9 月初版
定　　價／新臺幣 360 元（缺頁或裝訂錯誤的書，請寄回更換）
I S B N　978-986-98589-6-0

有著作權，侵害必究　Printed in Taiwan

헛어른
(HUDULT)
Copyright © 2019 by BOTA
All rights reserved.
Complex Chinese Copyright © 2020 by Willful Publishing Company
Complex Chinese translation Copyright is arranged with Gana Publishing Co., Ltd.
through Eric Yang Agency